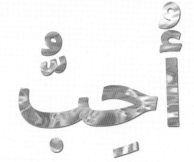

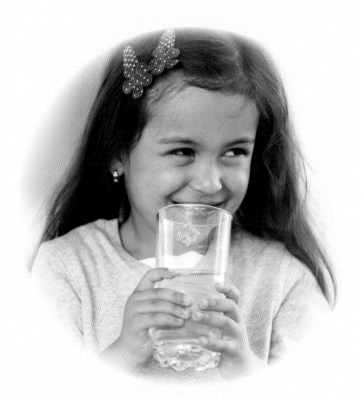

أُحِبُّ ا

بِقَلَم: مَحْمود جَعْفَر

Collins

نَباتٌ وَمَطَر

حَيَواناتٌ وَبِرْكَة

الماءُ في طَعامي.

الماءُ في شَرابي.

الماءُ في كوبي.

الماءُ في زُجاجَتي.

الماءُ لِنَظافَتي.

الماءُ لِصِحَّتي.

الماءُ في حَديقَتي.

الماءُ في بَيْتي.

الماءُ نِعْمَة.

أُحِبُّ الماء!

أُحِبُّ الْماءَ!

🐾 أفكار واقتراحات 🐾

الأهداف:

- قراءة جمل اسميّة بسيطة ومتنوّعة عن موضوع واحد.
- التعوّد على التمييز بين الهاء، والتاء المفتوحة، والتاء المربوطة.
- التعوّد على صيغة الملكيّة.

روابط مع الموادّ التعليميّة ذات الصلة:

- مبادئ العلوم.

- مبادئ الوعي الصحّيّ بالتغذية السليمة.
- مبادئ الوعي البيئيّ بأهمّيّة الماء.

مفردات شائعة في العربيّة: أحبّ، في، لِ

مفردات جديرة بالانتباه: الماء، بيتي، كوبي

عدد الكلمات: ٣٠

الأدوات: ورق، أقلام رسم وتلوين

قبل القراءة:

- ماذا ترون على الغلاف؟

- ما هو الشراب المفضّل لكلّ منكم؟ لماذا؟ هل يحتوي على الماء؟

- هل لاحظتم أنّ الماء موجود حولنا في كلّ مكان؟ هل استخدمتم الماء صباح اليوم؟

أثناء القراءة:

- أوّلاً، سنقرأ العنوان معًا.

- والآن، سنقرأ الكتاب معًا ونشير إلى الكلمات.

- انتبهوا إلى الجمال في بركة الواحة ص ٣. هل يمكن أن تكون هناك واحة في الصحراء بدون الماء؟